国家级非物质文化遗产代表性项目教材

王其和太极拳十三式简化套路

WANG QIHE TAIJIQUAN
SHISANSHI JIANHUA TAOLU

河北省王其和太极拳协会 编

人民体育出版社

前 言

太极拳是中华民族对全人类的一项伟大贡献，它在强身健体、防身技击、修养心性等方面的独特功效已得到越来越多人的认可，广受世人喜爱。随着科学的进一步证明，太极拳已不是一般人眼中的“老年专利”，而是一项老少皆宜、极具锻炼价值的运动，其有益于大中小学生的身心健康之处更是不胜枚举。

太极拳在数百年绵延不绝的传承、发展中，形成了一些重要门派，这些门派各有特点、异彩纷呈，其中已被列为国家级非物质文化遗产代表性项目的有7个。本书向读者介绍的王其和太极拳，就是中华传统武术百花园中的一朵奇葩。

王其和太极拳形成于清末民初时期，现已成为太极拳的一个重要门派并被列为国家级非遗项目，传播范围遍及海内外。该拳在功法套路上有八十四式和一百零八式传统套路，二十九式、二十四式、十三式简化套路，三十八式快拳套路，以及器械、各种功法等。如今，随着王其和太极拳的影响不断扩大，习练者迅速增加，一些中小学和高等院校也已陆续开设了王其和太极拳课程。我们之前曾出版了《王其和太极拳二十四式简化套路》等教材，为了进一步满足广大爱好者的学拳、练拳需求，特编辑出版《王其和太极拳十三式简化套路》教材，今后还将根据需要陆续编写出版系列相应的辅导教材，以飨读者。

本书所介绍的十三式简化套路是从该拳传统套路中精选十三式有代表性的姿势动作精心串连而成。不仅在时间上符合常规比赛要求，而且具备短而精、易学记、易入门的特点，非常适合初学者练习。虽然套路简短，但动作要领与传统套路完全一致，若能潜心演练，循序渐进，则能很好地体悟到该拳的神采魅力所在，为将来的深造打下良好的基础。

编者

2018年6月

目 录

武林百年枝 春风展新姿
——国家级非遗项目王其和太极拳概述

第一章 基本功法 …………………………………… (8)

一、手型、手法 …………………………………… (8)

（一）掌 …………………………………… (8)

1. 立掌 …………………………………… (8)

2. 抚掌 …………………………………… (8)

3. 仰掌 …………………………………… (9)

4. 横掌 …………………………………… (9)

（二）拳 …………………………………… (9)

（三）勾手 …………………………………… (9)

（四）手法 …………………………………… (10)

1. 掤 …………………………………… (10)

2. 捋 …………………………………… (10)

3. 挤 …………………………………… (10)

4. 按 …………………………………… (11)

二、眼法 …………………………………… (11)

三、身型、身法 …………………………………… (11)

（一）身型 …………………………………… (11)

1. 头 …………………………………………………………………………… （11）
2. 肩 …………………………………………………………………………… （11）
3. 肘 …………………………………………………………………………… （11）
4. 胸 …………………………………………………………………………… （11）
5. 背 …………………………………………………………………………… （12）
6. 腰 …………………………………………………………………………… （12）
7. 脊 …………………………………………………………………………… （12）
8. 臀 …………………………………………………………………………… （12）
9. 胯 …………………………………………………………………………… （12）
10. 膝 …………………………………………………………………………… （12）
（二）身法…………………………………………………………………… （12）

四、步型、步法…………………………………………………………………… （12）

（一）步型…………………………………………………………………… （12）
1. 弓步 ………………………………………………………………………… （12）
2. 虚步 ………………………………………………………………………… （13）
3. 马步 ………………………………………………………………………… （13）
4. 仆步 ………………………………………………………………………… （13）
（二）步法 ……………………………………………………………………… （13）
1. 上步 ………………………………………………………………………… （13）
2. 退步 ………………………………………………………………………… （13）
3. 跟步 ………………………………………………………………………… （14）
4. 撤步 ………………………………………………………………………… （14）
5. 碾脚 ………………………………………………………………………… （14）

五、腿法…………………………………………………………………………… （14）

1. 分脚 ………………………………………………………………………… （14）
2. 蹬脚 ………………………………………………………………………… （14）
3. 摆脚 ………………………………………………………………………… （15）

第二章　王其和太极拳十三式简化套路 …………………………………………（16）

第一式　预备势…………………………………………………………………………（16）
第二式　起势……………………………………………………………………………（17）
第三式　上步七星掌……………………………………………………………………（19）
第四式　揽雀尾…………………………………………………………………………（20）
第五式　十字手单鞭……………………………………………………………………（24）
第六式　下势……………………………………………………………………………（25）
第七式　左金鸡独立……………………………………………………………………（26）
第八式　右金鸡独立……………………………………………………………………（27）
第九式　摆莲腿…………………………………………………………………………（27）
第十式　弯弓射虎………………………………………………………………………（29）
第十一式　双抱捶………………………………………………………………………（30）
第十二式　手挥琵琶……………………………………………………………………（31）
第十三式　收势…………………………………………………………………………（32）

附：王其和太极拳十三式简化套路歌诀 ……………………………………………（34）

主编简介 ……………………………………………………………………………………（35）

武林百年枝　春风展新姿
——国家级非遗项目王其和太极拳概述

孟志斌

王其和太极拳发源于河北任县。任县古称“壬”，这里地处九河下梢，历史上著名的大陆泽不仅汇集着浩淼无际的漫天大水，还孕育流传着丰富多样的武术拳种，成为太极拳的重要传播基地，造就出不少太极名家。大家所熟知的杨澄甫、郝为真二位宗师的得意弟子在任县就有5位，其中王其和先生就诞生于此。清末民初，王其和先生在长年习练武式、杨式太极拳的基础上，根据自己的体悟，将两拳精心相融而创编出一套新型拳式。该拳历经百年传承，以其特有的魅力，渐渐享誉武林，受到各级政府的重视和广大武术爱好者的青睐。现在，该套拳路已作为太极拳的一个重要流派载入《永年太极拳志》；2014年，又被评定为国家级非物质文化遗产代表性项目。欣逢盛世，王其和太极拳已走出古泽，走出邢台，正在走向全国，走向未来……

源起正脉

王其和，字春山，出生年份说法不一，卒于1932年。河北省任县邢湾镇环水村人。该地地处大陆泽腹地，当年曾是繁华的水旱码头，民风淳朴，信息灵通，视野宽阔，自古崇文尚武。在这种环境的熏陶下，王其和自幼酷爱武术，先随本村人习洪拳，功夫精湛，尤其使得一手好绳鞭。相传他在屋里发出绳鞭，穿过窗棂能将房顶上的人拿住。180斤重的铸铁大刀，他要得得心应手。可他不满足于本乡拳艺，于是走出家门，遍访名师。适逢清末武举景廷宾在任县、巨鹿一带教武学，王其和便拜景廷宾为师，苦练景家刀法。他还拜著名镖师刘瀛洲为师学习三皇炮捶，历经数年，功夫大增，被京都会友镖局聘为镖头，闯荡江湖，威震四方。可一次他在与一位太极高手较技时，竟然输给对方，他深感太极拳的功法神奇。此时，他的老师刘瀛洲也开始推崇太极拳，并与太极名家杨兆林、郝为真等结为盟友，交往甚密。经刘先生介绍，王其和到广府城拜郝为真为师，并与老师朝夕相处，学习武式太极拳达6年之久。期间还受到杨兆林、杨兆元等前辈的指教，受益匪浅。

1914年，王其和随郝师赴京。在京期间，见到了杨式太极大师杨澄甫先生。因民国初年广府发大水时，在滏阳河搞水运的王其和曾救过杨澄甫先生的家人，再加上王其和此时已具备了扎实的功夫，所以一见面，便得到了杨澄甫先生的格外器重和厚爱，并留在身边朝夕学艺。其间王其和还经常得到杨健侯老先生和杨少侯先生的指教。杨家两代大师将其拳技奥秘倾囊相授，并将王其和视为杨式太极拳的重要传人。在杨澄甫先生1931年所著的《太极拳使用法》一书中，王其和作为精选传人名列在该书的传承表中。虽然后来由于种种原因，王其和未能随杨师南下沪、广或闯荡海外，而是带艺回乡，终老村野，大大地减少了他的知名度，但他毕竟身怀绝技，且终生教练不辍，用毕生的精力研创了此拳，并为该拳在当地的传播、发展奠定了深厚而扎实的社会基础，产生了广泛而深远的历史影响。尤其是对该门派传人禀性朴实、心无旁骛的心性培养和“练拳重真功、学艺轻浮名”的门风形成，起到了至关重要的作用。

纵观太极拳的发展史，郝为真、杨澄甫先生是民国年间武式、杨式太极拳的标志性领袖人物，而能够同时得到这两位宗师亲传的人可谓凤毛麟角。王其和先生有幸追随两位宗师，并深受器重、得其真传。他不图名利，只求真功，但又不满足于已得之功，潜心探索、追求更深、更独到的功夫。在多年的悉心研练中，他根据自己的体悟，默识揣摩，融会贯通，逐渐形成了一套独具特色的太极拳套路。该拳路下盘结构严谨、步伐灵活、转换自如，上身舒展大方、庄重柔和，整体拳架大小适中，圆满紧凑，练用结合，健身与实战完美统一。行拳时，以心行气，以意导形，内气发自丹田，沿经络节节贯穿，达于四梢，使气息通达全身，并回归于丹田。体用时，动作轻灵，外柔内刚，手法绵软而发劲干脆。此举可说是将已臻完美的杨式、武式太极拳进行了精细完美的融合，既使杨式、武式太极拳的精髓得以传承，又形成了一些新的功法和特点；既有浓厚的杨式、武式太极拳的传统风格，又有“二合一”的独特韵味。

此拳在形成过程中，王其和先生无意标新，完全是在潜心追求太极真功的心境中顺势而成，但他所付出的努力和取得的成就在太极拳史上无疑具有重要的意义。该拳在创编之后的很长时间内并无任何名称。当年，王其和先生边练、边研、边传，只说是郝为真、杨澄甫等先生所传的太极拳。经过几十年，逐渐流传开后，才有人称其为“混合架”“综合架”或“郝杨架”“杨武架”“软硬架”，也有直呼“其和架”或“王式太极拳”的，直到近年，才统一称为“王其和太极拳”。

两代纯功

在百年的传承中，经该门派历代传人的潜心总结，该拳在拳架套路和拳理拳法上日渐丰富、完备。如今常练套路有八十四式和一百零八式传统套路、十三式、二十四式和二十九式简化套路、三十八式快拳套路，还有刀、枪、剑等器械套路等。辅助功主要有打坐、无极桩、太极桩、独立桩、下势桩、四象桩、定步平衡功、定步旋转功、活步动练功等。练功形式有定练、动练、反练、慢练、快练、散练、对练、内练等。拳理拳法上的主要成果有“修炼四字要旨（德、真、悟、恒）”，“十字要诀（正、静、顺、轻、松、柔、圆、活、灵、空）”，“浑圆劲的修炼”，“散手战略战法”，“内修门径”，“松柔、知觉、内劲三大功夫”等，形成了身法、步法、手法、腿法、眼法、劲法、心法等完备的功理功法体系。这些成果不仅是本门派的练功指南，也为丰富大太极理论作出了积极的贡献。

该拳自创始以来，最早由任县传播到邢台市区和邢台市所辖的巨鹿、平乡、广宗、隆尧、宁晋等县及天津、太原两大城市，后来随着第三、四代传人交流范围的扩大，逐渐传入北京、上海、山东、江苏、广东、宁夏、浙江、吉林、福建、四川、港澳、台湾、美国、新加坡等地，习练者数以万计。如今随着交流的便捷和各类媒体的推介，该拳已广为海内外武术文化界所熟知。

王其和一生授徒众多，代表人物有刘仁海、王景芳、张金榜、吴振奎等。

该门派第二代传人中，功夫最深、理论最高、贡献最大、影响最广的当首推王其和先生的大弟子刘仁海先生（1904—1982）。活跃在当今武坛的该门派中坚力量多传自刘仁海先生。刘仁海与王其和先生同村，十几岁时便拜王其和先生为师，深受教诲，颇受恩师器重，深得太极拳之精髓。他为人谦和，温文尔雅，天生睿智，虚心好学。练拳悟理，六十余年从不间断，因此拳技精湛，拳理妙通。尽管他身怀绝技，但从不轻与人斗，即使婉拒不就，也是留有余地，坚持“点到为止”“制人而不伤人”，使来者心悦诚服。他当年所演练的拳架有幸被弟子们拍成了一套完整的图片资料，成为王其和太极拳存世最早、保存最为完整的一套影像资料。几十年后的今天，再潜心研赏这套拳架，都会深深地感觉到它集健身、技击、艺术、观赏于一体的无穷魅力，而且随着欣赏者功力的加深和眼力的提高，从中所领略到的魅力便愈加丰富。因此，刘仁海先生的这套拳架被本门传人奉为套路圭臬。1960年春，可谓太极之乡的邯郸大专区在巨鹿县城承办全省大型武术赛事，刘先生首场亮相便取得太极拳成年组第一名，名扬河北武坛。可是刘仁海先生淡泊名利，放弃了参加全省乃至全国的赛事，静心在家练功传艺。刘先生一生授徒近千人，平时即使家事、农活再忙，他教拳授徒依然是循循善诱，不厌其烦。其中不乏外地嗜武者远道而来，慕名拜师。可以说，他为王其和太极拳的传承、发展付出了毕生的心血，作出了卓越的贡献。众多弟子在他身上不仅学到或见到了正宗王其和太极拳的精湛功夫，更重要的是在他身上感受到了那种平凡而高尚的人格力量，并深受其影响。刘先生已成为弟子们心目中的“武林孔子”，化成弟子们一生的精神财富。

王其和先生之子王景芳（1913—1982），生于太极世家，未成年时就对太极拳的精要心领神会。他个性鲜明，身手矫健，一生崇拜杨班侯先师，笃信“不打不成交”，专喜往访各派名家高手，定见输赢，一生未曾失手，平生只服师兄刘仁海一人。他拳架大方灵活，尤善散手，出手绵软，发劲干脆。凡遇实战，举手之间，只听一声“去!”，对手无不应声倒地。王先生不仅拳脚好，而且水性好、善使船，更具有威武不屈的民族气节。抗战时期，他曾冒险为邓小平摆渡，夜过澧河转战冀南；曾被日寇用枪将右腿打残致僵，落下残疾，但他仍能保持“前蹿一丈，后退八尺”的功夫，动作凌厉，使人叹服。由于他脾气暴躁，嫌徒弟们学得慢，恨铁不成钢，再加上学拳者怕挨“打”，所以弟子较少。但王景芳先生为该拳的扬威显名所作出的贡献以及传奇的人生经历，鲜有人比。

古树劲姿

第三代传人有数千之众，代表人物有刘舜曾、李剑方、刘云廷、檀杏敏、张志祥等。

刘舜曾（1938—2016），河北省任县环水村人，是近年故去的河北省王其和太极拳协会的一位名誉主席。他早年受教于刘仁海先生，习武50 多年，功夫深厚，理论精湛，传艺循循善诱，含道必授，一生授徒数百。他在生前最早发起组织了王其和太极拳研究会并任会长，为王其和太极拳的传承发展作出了突出贡献。

李剑方，1957年出生，河北省任县邢湾人。他自幼受教于刘仁海先生，后又拜姚继祖、傅钟文、王荣堂先生为师学习武式、杨式太极拳和八卦掌，中国武术八段，曾任河北省武协副主席，河北省太极拳协会名誉主席，河北省王其和太极拳协会名誉主席，曾获永年国际太极拳联谊会“功勋杯”，中央电视台《武林大会》栏目特聘专家评委。2007年，作为七大太极名家之一，应邀参加香港首届国际太极拳邀请赛并主持太极名家工作坊。他还主持编写了《邢台武术源流谱》，著有《太极文武论》《王其和太极拳图册》《耕暇集》等专著。论文《论“默识揣摩”之道》获三亚首届世界太极文化节论文一等奖；《王其和太极拳功法述略》获“王其和杯”2016年第三届北京国际武术文化节、北京国际武术与养生文化学术研讨会论文二等奖。2016年9月，在第十三届中国·邯郸国际太极拳运动大会上，李剑方作为中国武协正式邀请的10位太极拳名家之一，在大会论坛上作学术报告，并进行了辅导展演，受到了与会人士的高度称赞。

刘云廷，1954年出生，河北省任县环水村人，现任河北省王其和太极拳协会副主席兼竞训部部长，邢台市武协副主席，中国武术六段。他自幼酷爱武术，8岁拜太极拳师寇长青为师，后随师爷曹珂深造。最终跟随本族祖父刘仁海先生学习王其和太极拳。刘云廷功力深厚，实战经验丰富，发人如暗流涌动，化人如行云流水。他曾获青岛国际太极拳邀请赛金奖；在权威刊物发表《练王其和太极功夫体会谈》《太极推手与打手》《形于指尖达以心神》等多篇论文，曾在三亚首届世界太极文化节和第十三届中国·邯郸国际太极拳运动大会上做重点名家展演。

檀杏敏，1955年出生，河北省任县邢湾人，中国武术七段，现任河北省王其和太极拳协会主席、邢台市武协副主席。她自幼与刘仁海先生学拳，后又拜姚继祖、王荣堂先生为师，还得到傅钟文先生的亲传，为王其和太极拳的组织发展、事业壮大，竭心尽力，无私奉献。尤其是在她担任省协会主席后，王其和太极拳的发展呈现出前所未有的崭新局面。2016年，她被河北省委宣传部评为“燕赵文化之星”。

张志祥，1941年出生，河北省任县岭南村人，1961年拜刘仁海先生为师，几十年如一日，苦练不辍。现任河北省王其和太极拳协会顾问。他多年来在该拳的发祥地，也是传人最集中之地任县组织开展活动，授徒传艺，为该拳在家乡的普及发展、薪火相传作出了突出的贡献。

第三代代表人物还有（以姓氏笔画为序）刁凤超、王计友、王占英、卢玉海、刘助军、刘俊英、孙连尼、杜春堂、李运刚、李敬宣、张占祥、张腊八、孟永辰、贾增海、夏广修、檀风林（以上16位传人已去世）、刁云礼、王占其、王兰平、王志恩、王朋军、王贵群、王景辰、王殿辰、左红顺、朱占中、刘占英、刘录辰、刘建华、刘遂刚、安永彬、孙占军、孙玉科、孙志科、孙省祥、曲俊雄、李计周、李计勋、李英才、李建志、李振铎、吴计明、吴辰茂、辛庆栓、杨春怀、杨永群、杜爱军、张凡坤、张文斗、张五乐、张文平、张进东、张志平、张杏林、周芒、周雪春、孟二牛、孟恒徐、林志琴、金建平、胡长春、胡文英、钱景华、倪善坤、董丙文、薄文廷、檀振刚等多人。他们以传承发展王其和太极拳为己任，不计回报，不存杂念，授徒传艺，努力奉献。在王其和太极拳这棵古老的大树上，他们像一枝枝遒劲挺拔的主干，稳稳地支撑并守望着自己的精神家园。

其势蓬勃

王其和太极拳的形成和发展，到目前大体经历了三个阶段。第一个阶段在清末民初。王其和先生经过二十多年的早期研练，形成基本的拳架功法套路；第二个阶段在我国改革开放之前的60多年。以刘仁海先生为代表的第二代传人，对该拳进一步完善，并使之得以有较大范围的传播；第三个阶段是从20世纪80年代至今的30多年。随着改革开放和各级政府的重视、支持，以及第三、四代传人和众多爱好者的努力，该拳得到了迅速发展。特别是近年来组织体系的建立、完善和国家非遗的认定，对王其和太极拳的发展起到了极大的推进作用。2013年底，河北省王其和太极拳协会正式成立，经大会选举，由檀杏敏女士任协会主席。石家庄、太原、天津、深圳、厦门、邢台及邢台各县市区共13家分会相继成立，现有练功站、点300多处，习拳者达数万人之多，正式会员2000余人，各项工作得到了全面推进。多次与国家有关部门联合组织举办武术文化活动，影响深远。还积极参与国内外重大赛事，摘金夺银，展示实力。期间还正式出版了《王其和太极拳二十四式简化套路》《王其和太极拳图册》《王其和太极拳探秘》《武魂·太极》等专著和专刊，共计2万多册，并在《中华武术》《太极》《武当》《中国功夫》等武术杂志和当地报刊中发表文章一百多篇。中央、省、市媒体及不少海外媒体多次以动态新闻和文化专题的形式报道本协会的活动和本拳的功理功法。如今的王其和太极拳不仅在太极拳界崭露头角，引人注目，而且已经成为本县、本市乃至本省的一张文化名片，在对外宣传、展示形象，促进全民健身和和谐社会建设中发挥着无可替代的作用。发展势头方兴未艾，其势蓬勃。

抚今追昔，作为这一非遗项目传承人的李剑方，常常缅怀王其和太极拳先师的不朽功业，感慨他们当年不逐名利，蛰居乡里，化尽心智，修研拳艺，以致今日开宗立派，普惠众民。为此，他曾作七律一首咏怀：

精修杨武渐相融，　无意标新顺势成。
两代研磨明大道，　百年历练铸纯功。
承接正脉追先辈，　吸化真传启后生。
古树新姿枝叶茂，　千秋国粹续无穷。

王其和太极拳，这株中华武林中历经沧桑的百年老树，在时代春风的吹拂下，正在舒枝展叶，涨绿凝翠，焕发出无限生机。我们可以想见，在以后更加漫长的岁月里，这棵英姿老树，或临晨风夕露，或沐春风秋雨，一定会葩吐丹砂，果结金黄。

（孟志斌，《邢台日报》副总编、高级编辑，河北省首批“燕赵文化英才”。）

第一章　基本功法

一、手型、手法

（一）掌

手指自然舒展，指缝间隙适当，掌心内凹，似荷叶状，简称“荷叶掌”。

1. 立掌

五指自然舒展，掌尖朝上，掌心斜向前，手腕微坐（图1–1、图1–2）。

图1–1

图1–2

2. 抚掌

五指自然舒展，掌尖向前，掌心向下，手腕向下微压（图1–3）。

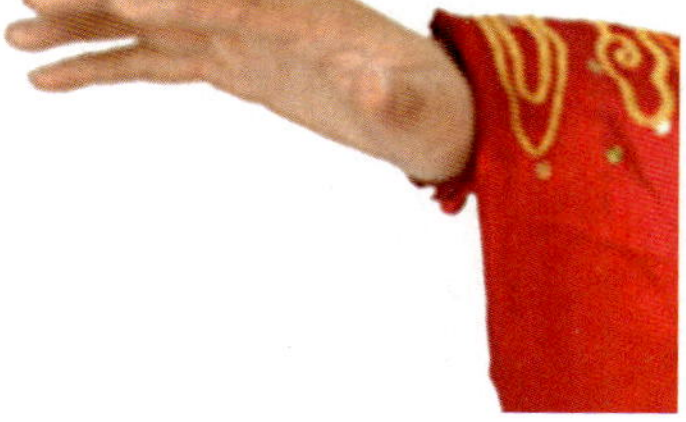

图1–3

3. 仰掌

五指自然舒展，掌心向上，手腕微屈（图1–4）。

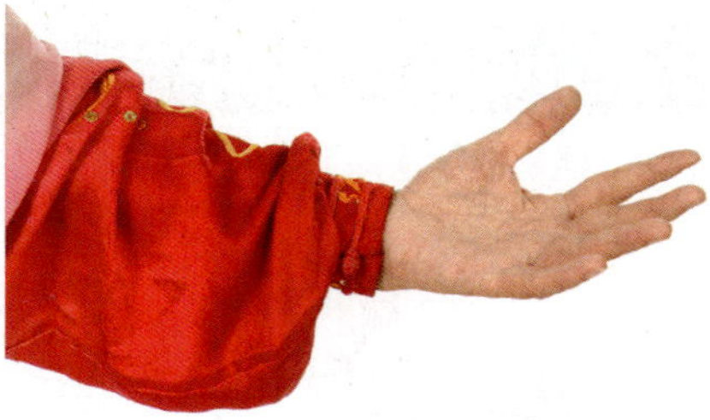

图1–4

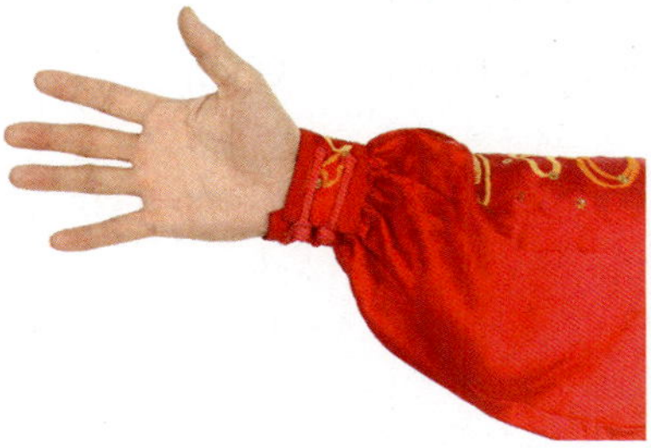

图1–5

4. 横掌

五指自然舒展，拇指斜向上，其他四指向前，掌心向内（图1–5）。

（二）拳

图1–6

四指并拢，向内卷屈于手心处，俗称“攥拳如卷饼”，拇指屈压于中指和食指的第二关节上。拳面要平，成四方拳。打拳时，手腕要平，不可上翘，也不可下弯。拳有拳心、拳背、拳眼和拳面（图1–6）。

（三）勾手

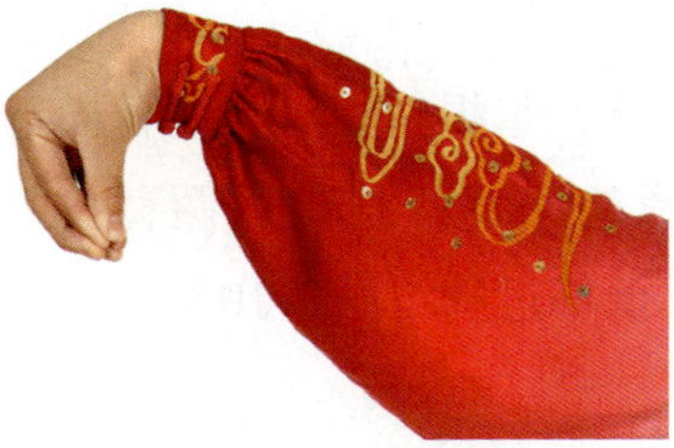

图1–7

勾手捏法：拇指、食指和小指三指指尖捏拢，中指、无名指指尖分别压在食指、小指的指甲盖上，五指尖捏住，呈梅花瓣状。腕部上提，指尖自然下垂。勾手时不可僵劲拙力，掌心要空，舒松自然（图1–7）。

（四）手法

图1-8

1. 掤

臂成弧形，前臂由下向前上方掤圆，环于胸前，掌心向内，意注前臂（图1-8）。

2. 捋

两臂稍屈，掌心斜相对，两掌随腰转动，由前上方向斜下方划弧。（图1-9a、b）。

a b

图1-9

图1-10

3. 挤

后掌贴近前掌，掌根斜相对，两臂同时向前挤出，意注手背；挤出后两臂撑圆，高不过肩，低不过胸（图1-10）。

4. 按

两掌同时由后向前推按；按出后，手腕高不过肩，低不过胸，掌心斜向前，指尖朝斜上方，臂将展未展，肘部松沉（图1-11a、b）。

a

b

图1-11

二、眼法

精神贯注，以意导形，神态自然。每个动作转换之前，目光领先，形随意动。定势时，目光平视前方。

三、身型、身法

（一）身型

1. 头

虚领顶劲，下颌微收，头直容正，目平视，神态自若，唇微闭，齿轻合，颈部正直，自然舒松。

2. 肩

保持自然松沉，不可耸肩，也不可用力下坠。

3. 肘

微屈呈弧形，自然下坠，不可僵直、外翻或扬起。

4. 胸

微含，舒松自然，不可挺胸外凸，也不可过分内缩。

5. 背

自然放松，舒张拔身，不可故意弓背。

6. 腰

自然放松，不要后弓或前挺，运转时要松柔灵活，以腰为轴，带动肢体运动。

7. 脊

节节松开，保持中正，不可歪斜，不可前挺后弓。

8. 臀

臀内敛，尾闾有前卷、上提之意，不可向后凸出或摇摆。

9. 胯

要求松、正、平，不可左右凸出歪扭。

10. 膝

伸屈要灵活，膝尖与足尖自然相呼应。

（二）身法

身体保持中正安舒，端庄松活，不偏不倚，自然平稳。动作以腰为轴，带动四肢，上下相随，不可俯仰歪斜、忽起忽落。

四、步型、步法

（一）步型

1. 弓步

前腿屈膝前弓，脚尖朝前，膝部不得超过脚尖；后腿自然微屈后蹬，脚尖斜向前方，与前脚夹角45°，全脚着地，两脚之间横向距离约为一至两拳的宽度（图1-12）。

图1-12

2. 虚步

后腿屈膝下蹲，身体重心后坐；前腿脚掌虚着地，膝关节微屈，两脚之间横向距离约为一至两拳的宽度（图1–13）。

图1–13

3.马步

两腿平行开立，两脚之间距离略宽于肩，圆裆开胯，两膝外撑，重心居中，下蹲时，保持虚领顶劲，勿挺胸，臀部勿后凸（图1–14）。

图1–14

4.仆步

两腿分开，右腿屈膝下蹲，脚尖和膝部微外展；左脚自然舒展平仆，脚尖朝前，全脚着地，上体微前俯，但不可弯腰（图1–15）。

图1–15

（二）步法

1. 上步

后脚向前一步或前脚向前进半步。

2. 退步

前脚向后退一步。

3. 跟步

后脚向前跟进半步。

4. 撤步

后脚向后撤半步。

5. 碾脚

以脚跟为轴，脚尖外展或内扣；以前脚掌为轴，脚跟外展或内旋。

各种步法变换必须做到位置准确、轻灵沉稳、虚实分明，抬脚不可过高，也不能拖地，俗称“趟泥步”。要做到“迈步如猫行”。

五、腿法

1. 分脚

支撑腿微屈站稳，另一腿屈膝提起，小腿上摆，脚尖绷直，脚面向上，略高于腰。腿法要求支撑稳定，膝关节不可僵直，胯关节松活，上体维持中正，不可低头弯腰、前俯后仰、左右歪斜（图1–16）。

图1–16

图1–17

2. 蹬脚

支撑腿微屈站稳，另一腿屈膝提起，小腿上摆，脚尖勾起，脚跟外蹬，略高于腰。腿法要求支撑稳定，膝关节不可僵直，胯关节松活，上体维持中正，不可低头弯腰、前俯后仰、左右歪斜（图1–17）。

3.摆脚

支撑腿微屈站稳，另一腿屈膝提起，小腿从内侧向外侧成扇形摆动，脚面绷直，略高于腰。腿法要求支撑稳定，膝关节不可僵直，胯关节松活，上体维持中正，不可低头弯腰、前俯后仰、左右歪斜（图1–18、图1–19）。

图1–18

图1–19

太极拳要领

虚领顶劲、尾闾中正、含胸拔背、沉肩坠肘、松腰敛臀、步分虚实、上下相随、气沉丹田、以意导行、连绵不断。

第二章　王其和太极拳十三式简化套路

“王其和太极拳十三式简化套路”，是由传统王其和太极拳套路中精选的十三个代表性姿势组合而成，具有套路简短、动作简练、要领简明的特点，既充分体现了传统王其和太极拳的特色和韵味，又简便易学，非常适合太极拳初学者入门练习和单位工余、学校课间健身的需要。学会此套路之后，可以反复练习，适度加大运动量；也可以在此基础上，进一步学习二十四式、二十九式简化套路和八十四式、一百零八式传统套路。为便于教学和记忆，按要领编写了《王其和太极拳十三式简化套路歌诀》，每式两句，可以掌握节奏，引导练习。王其和太极拳十三式姿势名称及动作要领如下。

第一式　预备势

（一）要领

（1）两脚并行站立，脚尖向前，下颌微收，目视前方，唇微闭，齿轻合，身体中正，双臂垂于身体两侧（图2–1）。

（2）轻抬左脚，向左平移，与肩同宽，两脚站平，全身放松（图2–2）。

图2–1

图2–2

（二）歌诀

并立开步肩同宽，身正体松要自然。

（三）容易出现的错误

（1）胸、腹部前挺；
（2）低头或抬头；
（3）腿部及手臂关节僵直。

第二式 起势

（一）要领

（1）两手向前上方抬起，掌心向上，高不过脐（图2-3）。

图2-3

图2-4

（2）两手向前、向外、向上划圆弧合抱（图2-4）。

（3）两手行至与肩同高同宽，掌心斜向下方（图2-5）。

图2-5

图2-6

（4）胯部及腿部各关节同时放松，尾闾下沉，身体下蹲，头顶保持上提，沉肩坠肘，两手轻按（图2-6）。

（二）歌诀

两手抱球缓缓起，尾闾下落顶头悬。

（三）容易出现的错误

（1）弯腰；

（2）撅臀；

（3）两手臂过宽、过高或过低。

第三式　上步七星掌

（一）要领

（1）右脚尖微内合，身体微向左转45°，同时，左脚跟轻提，重心移向右腿，成左虚步；两手随身体左转摆向左前方（图2-7）。

图2-7

图2-8

（2）两手向右胯外侧方向落下，再划弧提起，两手掌与右胸相对，指尖斜向上方；左脚向左前方45°迈出（图2-8）。

（3）两手随着身体重心前移向左前方推出，两手掌斜向前上方；同时，右腿逐渐蹬直，成左弓步（图2-9）。

图2-9

（二）歌诀

身体转向左前方，迈步推手划立圈。

（三）容易出现的错误

（1）迈步时，左脚跟落地位置不准确，易形成“钢丝步”；
（2）弓步左膝过度前屈，超过脚尖儿；
（3）身体前倾。

第四式　揽雀尾

（一）要领

揽雀尾由四个动作组成。

图2-10

（1）第一个动作——掤。右脚向左脚跟的后面跟半步（图2-10）。

（2）以左脚跟为轴，身体右转135°，两手随之在胸前向右平转，两掌心向下；右脚跟轻提，成右虚步（图2-11）。

图2-11

（3）右手继续向右、向下，再向左划弧，到左手的下方，两掌相对，呈抱球状，重心仍在左腿，成右虚步（图2–12）。

图2－12

图2－13

（4）右脚向前方迈步，重心前移，渐成右弓步；同时右手臂前掤，左手向左胯部外侧方向下按（图2–13）。

（5）揽雀尾的第二个动作——捋。左手向右手的方向上移，并转为手掌向上；同时，右手向前舒展，手掌向下，两手指尖向前上方，两掌心斜相对（图2–14）。

图2－14

（6）两手向左胯部外侧方向后捋；同时，重心向左腿移动（图2-15）。

图2-15

图2-16

（7）揽雀尾的第三个动作——挤。两手上提于胸前，两掌根斜相对，接着向正前方挤出；同时，重心前移，渐成右弓步（图2-16）。

（8）揽雀尾的第四个动作——按。左脚向前跟半步，同时翻左手，两掌心与胸相对（图2-17 ）。

图2-17

（9）重心向左腿后移，渐成右虚步；同时两臂回收，两手的小指侧向外旋转，两掌心在胸前斜向前方（图2–18）。

图2–18

图2–19

（10）右脚向前方迈出，重心前移，渐成右弓步；同时两手向胸前推出，坐腕舒指，两掌心斜向前方（图2–19）。

（二）歌诀

左腿为轴脚跟转，掤捋挤按四式连。

（三）容易出现的错误

（1）向前弓步时，身体前倾；

（2）重心后移时身体向后仰；

（3）跟步、迈步时，落脚位置、方向不准确。

第五式　十字手单鞭

（一）要领

（1）左脚向右脚的左后方跟半步；同时左手翻转，两掌心斜相对（图2-20）。

图2-20

图2-21

（2）以右脚跟为轴，向左后方转135°，左脚跟轻提，成左虚步；转体同时，两手相合，左手在内，右手在外，两掌心向内，交叉于右胸前，形成“十字手”（图2-21）。

（3）左脚向前方迈出，重心前移，渐成左弓步；同时两手外旋，平行分开，左臂于胸前微屈，左掌心朝向右前方，食指尖与鼻尖同高；右臂舒展，右手与肩同高，掌心向外（图2-22）。

图2-22

（二）歌诀

跟脚转身十字手，迈步分掌拉单鞭。

（三）容易出现的错误

（1）右脚内转不到位，左脚迈步时位置、方向不准确；

（2）两手高低不平；

（3）撅臀，身体前倾。

第六式　下势

（一）要领

右脚略提起向后移，脚尖适度外撇，重心向右胯、右腿后蹲，渐成左仆步；同时右掌根后撑，手掌心向下；左手由胸前向下回收至左膝内侧，掌心向右，指尖向前上方（图2-23）。

图2-23

（二）歌诀

撤步下蹲练腿力，姿势高低顺自然。

（三）容易出现的错误

（1）勉强过低下蹲，造成撅臀、弓腰或身体过度前倾；

（2）左脚尖或右脚跟抬起；

（3）挺胸、抬头或低头。

第七式　左金鸡独立

（一）要领

（1）右脚尖微内扣，身体重心向左腿前移并升高；同时，左掌向前上方伸出，掌心向右，右掌向前至右胯右侧，掌心向下（图2–24）。

图2–24

图2–25

（2）左脚尖外摆，上右步于左脚右侧，脚尖点地（图2–25）。

（3）右膝上提与胯平，脚尖下垂，左腿站直；同时向前上方穿右掌，掌心向左前方，指尖向上；左掌下按至左胯左侧，掌心向下（图2–26）。

图2–26

第八式　右金鸡独立

（一）要领

右脚下落至左脚右侧，左膝上提与胯平，脚尖下垂，右腿站直；同时向前上方穿左掌，掌心向右前方，指尖向上；右掌下按至右胯右侧，掌心向下（图2–27）。

图2–27

（二）第七、八两式歌诀

金鸡独立分左右，身体平衡不斜偏。

（三）第七、八两式容易出现的错误

（1）提膝过高或膝部外撇；

（2）向上穿掌过高或偏离中心。

第九式　摆莲腿

（一）要领

（1）左脚下落至右脚左前方；同时左手下落至左胯前，掌心向上；右手向左上方合拢，至左腹左侧，与左掌上下相对（图2–28）。

图2–28

（2）左脚尖向右扣，重心移向左腿；身体向右转90°（图2-29）。

图2-29

图2-30

（3）两手向右上方右旋划弧；同时向左上方提起右脚（图2-30）。

（4）两手向左下方旋转摆动；同时右脚向右上方斜踢，高与腰平（图2-31）。

图2-31

（二）歌诀

左脚内扣右转体，分手踢腿走摆莲。

（三）容易出现的错误

（1）右转体角度不准确；

（2）手臂与脚、腿动作不协调。

第十式　弯弓射虎

（一）要领

（1）收右腿，右脚落于左脚右前方，脚尖点地，成右虚步；同时，两手攥拳向右下方，分别落于两胯两侧（图2-32）。

图2-32

图2-33

（2）上右步，右脚跟落地的同时，两拳向右上方划弧提起，左拳于右胸前，拳眼向前；右拳于右肩右侧前上方，拳眼斜向后上方（图2-33）。

（3）两拳同时向左前方打出，左臂旋转出拳，较平直，右臂较弯曲，右拳在右胸前上方，两拳眼均向上；出拳时重心移向右腿，渐成右弓步（图2-34）。

图2-34

（二）歌诀

弯弓射虎右弓步，一屈一伸看左拳。

（三）容易出现的错误

（1）脚步位置、方向不准确；
（2）出拳方向不准确；
（3）身体前倾，头部歪斜。

第十一式　双抱捶

（一）要领

（1）左拳右移、右拳左移，两拳并于胸前、拳眼相对；同时上左步，脚尖点地，成左虚步（图2-35）。

图2-35

图2-36

（2）两拳从胸前落下，再内旋提起于胸前，两拳背向前；同时向左前方45° 迈左步（图2-36）。

（3）两拳随重心前移，从胸前打出，两拳拳背向前，渐成左弓步（图2-37）。

图2-37

（二）歌诀

三点相合不停顿，轻迈左步出双拳。

（三）容易出现的错误

（1）脚步位置、方向不准确；

（2）两拳距离过宽。

第十二式　手挥琵琶

（一）要领

（1）右脚向前跟半步，脚尖点地；同时两拳变掌，右掌在左掌前上方，两掌心斜相对（图2-38）。

图2-38

（2）撤右步，将脚放正；左手在胸前由下向前上方托起，掌心向上；同时右手回收到胸前下按；收左脚，脚尖点地，成左虚步（图2-39）。

图2-39

（二）歌诀

先跟后撤左虚步，手挥琵琶在胸前。

（三）容易出现的错误

（1）身体后仰；

（2）撤右脚时站位角度不正确。

第十三式　收势

（一）要领

（1）两手向下回落到胯前两侧，两掌心斜向前上方；左脚回收到与肩同宽的位置，双脚平行（图2-40）。

图2-40

（2）两手同时向胸前合抱，与肩同高同宽，手掌斜向下方（图2-41）。

图2-41

图2-42

（3）两手缓缓下落至身体两侧，掌心向内；同时两腿缓缓直立（图2-42）。

（4）重心向右腿移动，左脚轻抬，向右脚靠拢，成并立步站稳（图2-43）。

图2-43

（二）歌诀

两脚收平归原位，上下合拢又还原。

（三）容易出现的错误

（1）身体直立时，胸、腹部前挺；
（2）站位及方向不准确；
（3）低头或抬头。

附：

王其和太极拳十三式简化套路歌诀

第一式　预备势。并立开步肩同宽，身正体松要自然。

第二式　起势。两手抱球缓缓起，尾闾下落顶头悬。

第三式　上步七星掌。身体转向左前方，迈步推手划立圈。

第四式　揽雀尾。左腿为轴脚跟转，掤捋挤按四式连。

第五式　十字手单鞭。跟脚转身十字手，迈步分掌拉单鞭。

第六式　下势。撤步下蹲练腿力，姿势高低顺自然。

第七、八式　左右金鸡独立。金鸡独立分左右，身体平衡不斜偏。

第九式　摆莲腿。左脚内扣右转体，分手踢腿走摆莲。

第十式　弯弓射虎。弯弓射虎右弓步，一屈一伸看左拳。

第十一式　双抱捶。三点相合不停顿，轻迈左步出双拳。

第十二式　手挥琵琶。先跟后撤左虚步，手挥琵琶在胸前。

第十三式　收势。两脚收平归原位，上下合拢又还原。

王其和太极拳十三式简化套路

整套演示

主编简介

王建利

王建利，女，1962年生，毕业于北京体育学院（今北京体育大学）武术专业，中国武术协会会员，武术七段，武术高级教练员，国家级裁判员。现任邢台市武术协会常务副主席，河北省王其和太极拳协会副主席。

曾为国家和省级专业武术队输送优秀运动员50多名，向各高等院校输送学生300余名，培养世界冠军2人、全国冠军12人。本人多次在国际、国内各类武术比赛中担任裁判长、副总裁判长等职务，先后获得“全国精神文明裁判员”“全国优秀体育裁判员”等称号。

在挖掘整理武术资料方面，编写出版了《邢台市武术源流谱》《王其和太极拳二十四式简化套路教材》《梅花拳》《通臂拳》《太乙拳》等十几部具有邢台特色的武术拳谱，具有很高的武术价值。

孟志斌

孟志斌，男，1965年出生，河北省任县人，现任《邢台日报》副总编，高级编辑，河北省王其和太极拳协会会员、主席助理，中国红楼梦学会会员，河北省首批“燕赵文化英才”之一。

自20世纪80年代起即开始着手太极文化的研究，并有着很高的造诣。近年来，尤其潜心于王其和太极拳拳理拳法的挖掘与整理工作，为《王其和太极拳二十四式简化套路教材》主编之一，在《中华武术》《武魂》《中国功夫》《武当》《太极》等专业武术刊物上发表了大量的有关王其和太极拳的文章，其中不少独到的理论观点和鲜为人知的掌故轶事受到业内好评，为提高王其和太极拳的知名度、美誉度，使之成功申报国家级非物质文化遗产代表性项目发挥了积极的作用。

图书在版编目（CIP）数据

王其和太极拳十三式简化套路 / 河北省王其和太极拳协会编.
-北京：人民体育出版社，2018
ISBN 978-7-5009-5403-3

Ⅰ. ①王… Ⅱ. ①河… Ⅲ. ①太极拳-套路（武术）
Ⅳ. ①G852.111.9

中国版本图书馆 CIP 数据核字（2018）第 161639 号

特聘编审： 吴　彬
策　　划： 檀杏敏
总　　编： 李剑方　刘云廷
主　　编： 王建利　孟志斌
副 主 编： 温志超　辛庆华
特邀创编人员： 王占其　王兰平　王朋军　王景辰　王殿辰
朱占忠　刘占英　刘遂刚　孙省祥　辛庆栓
张五乐　张志祥　李明亮　周　芒　周雪春
孟二牛　檀占平

演　　示： 温志超
工作人员： 曹少娜　苗　璞　王　峥

*
人民体育出版社出版发行
北京中科印刷有限公司印刷
新　华　书　店　经　销
*
787×1092　16 开本　3 印张　42 千字
2018 年 9 月第 1 版　2018 年 9 月第 1 次印刷
印数：1—13,000 册
*
ISBN 978-7-5009-5403-3
定价：13.00 元

社址：北京市东城区体育馆路 8 号（天坛公园东门）
电话：67151482（发行部）　邮编：100061
传真：67151483　邮购：67118491
网址：www.sportspublish.cn
（购买本社图书，如遇有缺损页可与邮购部联系）